Belongs To:

_____

_____

_____

_____

Attendance Log

Name:_____   Grade:_____

	1	2	3	4	5	6	7	8	9	10	11	12	13	14	15
Jul	O	O	O	O	O	O	O	O	O	O	O	O	O	O	O
Aug	O	O	O	O	O	O	O	O	O	O	O	O	O	O	O
Sep	O	O	O	O	O	O	O	O	O	O	O	O	O	O	O
Oct	O	O	O	O	O	O	O	O	O	O	O	O	O	O	O
Nov	O	O	O	O	O	O	O	O	O	O	O	O	O	O	O
Dec	O	O	O	O	O	O	O	O	O	O	O	O	O	O	O
Jan	O	O	O	O	O	O	O	O	O	O	O	O	O	O	O
Feb	O	O	O	O	O	O	O	O	O	O	O	O	O	O	O
Mar	O	O	O	O	O	O	O	O	O	O	O	O	O	O	O
Apr	O	O	O	O	O	O	O	O	O	O	O	O	O	O	O
May	O	O	O	O	O	O	O	O	O	O	O	O	O	O	O
Jun	O	O	O	O	O	O	O	O	O	O	O	O	O	O	O

Year: _____

16	17	18	19	20	21	22	23	24	25	26	27	28	29	30	31
○	○	○	○	○	○	○	○	○	○	○	○	○	○	○	○
○	○	○	○	○	○	○	○	○	○	○	○	○	○	○	○
○	○	○	○	○	○	○	○	○	○	○	○	○	○	○	○
○	○	○	○	○	○	○	○	○	○	○	○	○	○	○	○
○	○	○	○	○	○	○	○	○	○	○	○	○	○	○	○
○	○	○	○	○	○	○	○	○	○	○	○	○	○	○	○
○	○	○	○	○	○	○	○	○	○	○	○	○	○	○	○
○	○	○	○	○	○	○	○	○	○	○	○	○	○	○	○
○	○	○	○	○	○	○	○	○	○	○	○	○	○	○	○
○	○	○	○	○	○	○	○	○	○	○	○	○	○	○	○
○	○	○	○	○	○	○	○	○	○	○	○	○	○	○	○
○	○	○	○	○	○	○	○	○	○	○	○	○	○	○	○

Books I've Read

Title	Author	Date

Books I've Read

Title	Author	Date

Online Classes

Website	Username	Password

Date: _____

Subject	Assignment	✓

Date: _____

Subject	Assignment	✓

Date: _____

Subject	Assignment	✓

Date: _____

Subject	Assignment	✔

Date: _____

Subject	Assignment	✓

Date: _____

Subject	Assignment	✓

Date: _____

Subject	Assignment	✓

Date: _____

Subject	Assignment	✓

Date: _____

Subject	Assignment	✓

Date: _____

Subject	Assignment	✓

Date: _____

Subject	Assignment	✓

Date: _____

Subject	Assignment	✓

Date: _____

Subject	Assignment	✓

Date: _____

Subject	Assignment	✓

Date: _____

Subject	Assignment	✓

Date: _____

Subject	Assignment	✓

Date: _____

Subject	Assignment	✓

Date: _____

Subject	Assignment	✔

Date: _____

Subject	Assignment	✓

Date: _____

Subject	Assignment	✔

Date: _____

Subject	Assignment	✓

Date: _____

Subject	Assignment	✓

Date: _____

Subject	Assignment	✔

Date: _____

Subject	Assignment	✓

Date: _____

Subject	Assignment	✓

Date: _____

Subject	Assignment	✓

Date: _____

Subject	Assignment	✓

Date: _____

Subject	Assignment	✓

Date: _____

Subject	Assignment	✓

Date: _____

Subject	Assignment	✓

Date: _____

Subject	Assignment	✓

Date: _____

Subject	Assignment	✓

Date: _____

Subject	Assignment	✓

Date: _____

Subject	Assignment	✓

Date: _____

Subject	Assignment	✓

Date: _____

Subject	Assignment	✓

Date: _____

Subject	Assignment	✓

Date: _____

Subject	Assignment	✓

Date: _____

Subject	Assignment	✓

Date: _____

Subject	Assignment	✓

Date: _____

Subject	Assignment	✔

Date: _____

Subject	Assignment	✓

Date: _____

Subject	Assignment	✓

Date: _____

Subject	Assignment	✓

Date: _____

Subject	Assignment	✓

Date: _____

Subject	Assignment	✓

Date: _____

Subject	Assignment	✓

Date: _____

Subject	Assignment	✓

Date: _____

Subject	Assignment	✓

Date: _____

Subject	Assignment	✓

Date: _____

Subject	Assignment	✓

Date: _____

Subject	Assignment	✓

Date: _____

Subject	Assignment	✓

Date: _____

Subject	Assignment	✓

Date: _____

Subject	Assignment	✓

Date: _____

Subject	Assignment	✔

Date: _____

Subject	Assignment	✓

Date: _____

Subject	Assignment	✓

Date: _____

Subject	Assignment	✓

Date: _____

Subject	Assignment	✓

Date: _____

Subject	Assignment	✓

Date: _____

Subject	Assignment	✓

Date: _____

Subject	Assignment	✓

Date: _____

Subject	Assignment	✓

Date: _____

Subject	Assignment	✓

Date: _____

Subject	Assignment	✓

Date: _____

Subject	Assignment	✓

Date: _____

Subject	Assignment	✓

Date: _____

Subject	Assignment	✓

Date: _____

Subject	Assignment	✓

Date: _____

Subject	Assignment	✓

Date: _____

Subject	Assignment	✓

Date: _____

Subject	Assignment	✓

Date: _____

Subject	Assignment	✓

Date: _____

Subject	Assignment	✓

Date: _____

Subject	Assignment	✓

Date: _____

Subject	Assignment	✔

Date: _____

Subject	Assignment	✓

Date: _____

Subject	Assignment	✓

Date: _____

Subject	Assignment	✓

Date: _____

Subject	Assignment	✓

Date: _____

Subject	Assignment	✓

Date: _____

Subject	Assignment	✓

Date: _____

Subject	Assignment	✓

Date: _____

Subject	Assignment	✓

Date: _____

Subject	Assignment	✓

Date: _____

Subject	Assignment	✓

Date: _____

Subject	Assignment	✓

Date: _____

Subject	Assignment	✓

Date: _____

Subject	Assignment	✓

Date: _____

Subject	Assignment	✓

Date: _____

Subject	Assignment	✓

Date: _____

Subject	Assignment	✓

Date: _____

Subject	Assignment	✓

Date: _____

Subject	Assignment	✓

Date: _____

Subject	Assignment	✓

Date: _____

Subject	Assignment	✓

Date: _____

Subject	Assignment	✓

Date: _____

Subject	Assignment	✓

Date: _____

Subject	Assignment	✓

Date: _____

Subject	Assignment	✓

Date: _____

Subject	Assignment	✓

Date: _____

Subject	Assignment	✓

Date: _____

Subject	Assignment	✓

Date: _____

Subject	Assignment	✔

Date: _____

Subject	Assignment	✓

Date: _____

Subject	Assignment	✓

Date: _____

Subject	Assignment	✓

Date: _____

Subject	Assignment	✓

Date: _____

Subject	Assignment	✓

Date: _____

Subject	Assignment	✓

Date: _____

Subject	Assignment	✓

Date: _____

Subject	Assignment	✓

Date: _____

Subject	Assignment	✓

Date: _____

Subject	Assignment	✔

Date: _____

Subject	Assignment	✓

Date: _____

Subject	Assignment	✓

Date: _____

Subject	Assignment	✓

Date: _____

Subject	Assignment	✔

Date: _____

Subject	Assignment	✓

Date: _____

Subject	Assignment	✓

Date: _____

Subject	Assignment	✓

Date: _____

Subject	Assignment	✓

Date: _____

Subject	Assignment	✓

Date: _____

Subject	Assignment	✓

Date: _____

Subject	Assignment	✓

Date: _____

Subject	Assignment	✔

Date: _____

Subject	Assignment	✓

Date: _____

Subject	Assignment	✓

Date: _____

Subject	Assignment	✓

Date: _____

Subject	Assignment	✓

Date: _____

Subject	Assignment	✓

Date: _____

Subject	Assignment	✓

Date: _____

Subject	Assignment	✓

Date: _____

Subject	Assignment	✓

Date: _____

Subject	Assignment	✓

Date: _____

Subject	Assignment	✓

Date: _____

Subject	Assignment	✓

Date: _____

Subject	Assignment	✓

Date: _____

Subject	Assignment	✓

Date: _____

Subject	Assignment	✓

Date: _____

Subject	Assignment	✓

Date: _____

Subject	Assignment	✔

Date: _____

Subject	Assignment	✓

Date: _____

Subject	Assignment	✓

Date: _____

Subject	Assignment	✓

Date: _____

Subject	Assignment	✓

Date: _____

Subject	Assignment	✓

Date: _____

Subject	Assignment	✓

Date: _____

Subject	Assignment	✓

Date: _____

Subject	Assignment	✓

Date: _____

Subject	Assignment	✓

Date: _____

Subject	Assignment	✓

Date: _____

Subject	Assignment	✓

Date: _____

Subject	Assignment	✔

Date: _____

Subject	Assignment	✓

Date: _____

Subject	Assignment	✓

Date: _____

Subject	Assignment	✔

Date: _____

Subject	Assignment	✔

Date: _____

Subject	Assignment	✓

Date: _____

Subject	Assignment	✓

Date: _____

Subject	Assignment	✓

Date: _____

Subject	Assignment	✓

Date: _____

Subject	Assignment	✓

Date: _____

Subject	Assignment	✓

Date: _____

Subject	Assignment	✓

Date: _____

Subject	Assignment	✔

Date: _____

Subject	Assignment	✓

Date: _____

Subject	Assignment	✓

Date: _____

Subject	Assignment	✓

Date: _____

Subject	Assignment	✓

Date: _____

Subject	Assignment	✓

Date: _____

Subject	Assignment	✓

Date: _____

Subject	Assignment	✓

Date: _____

Subject	Assignment	✓

Date: _____

Subject	Assignment	✓

Date: _____

Subject	Assignment	✓

Date: _____

Subject	Assignment	✓

Date: _____

Subject	Assignment	✓

Date: _____

Subject	Assignment	✔

Made in United States
Orlando, FL
22 April 2024